UWE WOLFF

Das Kleine Buch vom Schutzengel

UWE WOLFF

Das Kleine Buch vom Schutzengel

Wie er dich durchs Leben leitet

Der Fingerabdruck deines Schutzengels
6

Hat jedes Kind einen Schutzengel?
12

Wie erscheinen Schutzengel?
30

Seit wann begleitet mich der Schutzengel?
42

Wie alt ist mein Schutzengel?
48

Wie viele Schutzengel habe ich?
56

Wann hat die Geduld meines Schutzengels ein Ende?
68

Können Menschen zu Engeln werden?
74

Braucht mein Schutzengel gelegentlich Urlaub?
84

INHALTSVERZEICHNIS

Verlieben sich die Schutzengel
von Liebenden ineinander?
90

Was essen und trinken Schutzengel?
98

Welche Sprache spricht mein Schutzengel?
104

Hat mein Schutzengel Flügel?
110

Haben Tiere Schutzengel?
118

Wo war der Schutzengel?
122

Wie nehme ich Kontakt zu meinem Schutzengel auf?
130

Wie heißt mein Schutzengel?
138

ZUR EINFÜHRUNG:

Als der Engel dich zur Welt brachte, da legte er dir seinen Zeigefinger auf den Mund und sagte: „Vergiss niemals die Erinnerung an das Paradies." Der Finger des Engels hat auch in deinem Gesicht seine Spur hinterlassen. Jeder Mensch hat in der Mitte über der Oberlippe eine kleine, zarte Einbuchtung. Lege deinen Finger hinein und du wirst deinen Schutzengel spüren. Mit ihm bist du im Geheimnis verbunden.

Dein Schutzengel begleitet dich durchs Leben. Da kannst du ganz gewiss sein. Doch je näher wir unseren wunderbaren Wegbegleitern kommen, desto geheimnisvoller wird alles. Viele Fragen stellen sich plötzlich ein: War es ein Zufall wann, wo und zu welcher Stunde ich geboren wurde? Steht mein Schicksal in den Sternen? Folge ich einem Karma? Hat ein Gott mein Leben vorherbestimmt? Liegt alles, was ich bin, in meinen Genen? Oder bin ich vollkommen frei in meinen Entscheidungen? Vielleicht habe ich mir sogar vor der Geburt eine passende Familie gewählt?

Im Jahre 1955 erblickte ich unter dem Sternzeichen „Löwe" in einem „Engelkrankenhaus" das Licht der Welt. Es war die Raphaelsklinik in Münster. Der Name Raphael bedeutet „Gott heilt" oder auch „Arzt Gottes". Raphael ist das Urbild aller Schutzengel. Wurde ich Jahrzehnte später Engelforscher, weil ich in der Raphaelsklinik geboren wurde? War das mein Schicksal und mein Auftrag? Ich glaube, dass jeder Mensch eine Bestimmung hat – auch du.

Es gibt Momente, da erkennst du das wunderbare Webmuster deines Lebens. Du siehst den roten Faden und blickst plötzlich durch. Staunen ergreift dich, Verwunderung und Dankbarkeit. Jetzt weißt du: Ich gehe meinen Weg nicht allein. Ich habe einen unsichtbaren Freund, einen, der mich kennt und mir von Anfang an zur Seite steht. Es ist mein Schutzengel. Er hat „Ja" zu mir gesagt:

> *Ja, du bist gewollt,*
> *du bist geliebt,*
> *du bist wichtig.*
> *Keiner ist so wie du.*
> *Auf dich kommt es an.*
> *Du bist einmalig*
> *wie der Augenblick deiner Geburt.*

So geheimnisvoll wie die Geburt ist auch die Liebe. Wenn wir über die Liebe nachdenken, dann tauchen viele Fragen auf: Wählen wir uns einen Partner? Oder greifen auch hier die Schutzengel auf geheimnisvolle Weise in unser Leben ein?

Im Jahre 2002 heiratete mein Bruder Volker. Vor der Hochzeit lernten sich beide Eltern des Brautpaares kennen. Als meine Mutter Tinas Vater sah, erkannte sie in ihm sofort den Arzt aus dem „Engelkrankenhaus" wieder, der sie vor Jahrzehnten entbunden hatte. Das kann kein Zufall sein.

Niemand muss an Schutzengel glauben. Sie sind einfach da. Wir spüren doch ihre Gegenwart: Da ist plötzlich jemand zur rechten Zeit an der richtigen Stelle und hilft uns. Lange haben wir uns mit einer Entscheidung gequält und plötzlich ist alles ganz einfach. Der Knoten ist geplatzt. Wir blicken durch. Immer wieder haben wir geübt, und plötzlich können wir es. Es funktioniert, wir kommen voran. Wenn der Schutzengel kommt, dann wird alles ganz leicht. Wir spüren seine Liebe, ein Licht geht in uns auf, wir können wieder Lachen und Loslassen. Schutzengel sind Lebensenergie. In ihnen ist alles gegenwärtig, was wir zum Leben und Lieben brauchen:

Seele

Charakter

Heiterkeit

Urvertrauen,

Treue

Zukunft

Ehrfurcht

Natürlichkeit

Gelassenheit

Einverständnis

Liebe

Auf meinen Engelseminaren werde ich immer wieder gefragt, wie ich mir die Wiederkehr der Engel im 21. Jahrhundert erkläre. Das ist in der Tat eine wichtige Frage. Wir sind moderne Menschen. Wir kommunizieren mit Hilfe von E-Mails, SMS, Internet und Mobiltelefonen von jedem Ort der Welt. Wir sichern unzählige Daten auf digitale Speichermedien. Doch was ist wichtig? Was ist nichtig? Worauf kommt es in meinem Leben wirklich an? Das ist die entscheidende Frage. Sie wird drängender von Tag zu Tag. Denn jeder spürt: Wir leben in einer Zeit großer Veränderungen. Deshalb ist unsere Seele voller Sehnsucht nach wahrer Erkenntnis und innerer Führung, nach einem Begleiter, der noch den Durchblick hat. Deshalb sind die Schutzengel so populär wie nie zuvor. Doch wer sind diese geheimnisvollen Lebensbegleiter? Sind es himmlische Geister? Sind sie die Stimme des Unbewussten? Hat jeder Mensch einen Schutzengel? Haben Tiere Engel? Wie greifen sie in unser Leben ein? Und wie können wir zu ihnen Kontakt aufnehmen?

Dieses kleine Buch vom Schutzengel will dein Wegbegleiter sein. Es antwortet auf die Fragen vieler Engelfreundinnen und -freunde. Es erzählt von himmlischen Begegnungen und beflügelnden Schlüsselerlebnissen. Möge es in dir die Stimme des Engels erwecken, der sagt:

Ja, ich liebe dich, so wie du bist. Sei guten Mutes. Du kannst auf dem Weg zur Mitte nicht verlorengehen!

Haus Sonnenschein
Uwe Wolff

Über Zuschriften freue ich mich unter:
www.engelforscher.de

Hat jedes Kind einen Schutzengel?

MEINE ERSTE ERINNERUNG AN DEN SCHUTZENGEL:

Ich war vier Jahre alt und spielte auf dem Feld. In der Nähe war ein Hochspannungsmast. Der fließende Strom vibrierte in der Luft. Es knisterte vor Spannung. In der Höhe kletterten Männer und führten Reparaturarbeiten durch. Hoch über ihnen flog ein großer Vogelschwarm. Plötzlich fiel eines der Kabel hinab. Alles geschah im gleichen Augenblick: Die Luft vor mir vibrierte, alles war voll Elektrizität, doch eine andere Energie ergriff mich. Ich wurde blitzschnell von einer großen Kraft zur Seite gezogen. Als ich mich umdrehte, war niemand zu sehen.

IN JEDEM LEBEN HAT DER SCHUTZENGEL
SPUREN HINTERLASSEN:
Die Treppe hinabgestürzt,
mit dem Fahrrad gegen ein Auto gefahren,
ein Geldstück verschluckt,
zu viele Pflaumen gegessen –
der Schutzengel hat dich getragen,
mit seinen Flügeln hat er den Aufprall gedämpft,
er gab dir Sauerkraut zu essen,
er legte seine Hände sanft auf deinen Bauch:

Erinnerst du dich jetzt?

DEIN SCHUTZENGEL IST ENERGIE,
Leuchtendes Licht des ersten Schöpfungstages,
unerschöpfliche Kraft des Himmels,
Strahlung aus der Mitte des Lebens.

Deine dunklen Stunden erhellt er,
deiner Seele schenkt er neuen Mut:
In seiner Gegenwart tankst du auf
und atmest wieder durch.

AUS DEM KINDERGARTEN WURDEN WIR ZUR MITTAGSZEIT MIT EINEM SCHUTZENGEL-GEBET ENTLASSEN:

Lieber Gott,
einen Engel sende,
der mit uns nach Hause geht.
Bei jedem Schritt, bei jedem Tritt,
geh du, mein guter Engel, mit!

Zuerst waren es nur Worte, die wir nachplapperten. Doch schon bald wurden sie zur bewussten Erfahrung. Denn der Weg nach Hause war voller Gefahren. Welch ein Segen, dass der Schutzengel nicht von unserer Seite wich! Unter seinen Flügeln geborgen, erlebten wir Wunder über Wunder:

Hinter dem Gartenzaun legten wir ein Geheimnis aus Blütenblättern.
Der Schutzengel hütete es.
Aus dem Teich fischten wir eine Hummel.
Der Schutzengel hauchte ihr neues Lebens ein.
Wir pflückten rote Äpfel im fremden Garten.
Der Schutzengel lenkte die Nachbarin
durch ein Gespräch über den Gartenzaun ab.
Auf dem Weg hinter Brockes Haus
saß ein gefährlicher Schäferhund.
Der Schutzengel hielt ihm die Schnauze zu.

Bei jedem Schritt, bei jedem Tritt,
ging der gute Engel mit.

GEBET EINES SCHUTZENGELS FÜR SEINEN MENSCHEN:

Oh, mögest du nie das kindliche Staunen vergessen,
das einst deine Seele erfüllte.
Das Staunen über die kleinen Wunder des Alltags:
Die Ameisenstraße in deinem Zimmer und
den gelb-schwarzen Feuersalamander
im feuchten Wald,
den Regenbogen am Himmel und
die Eisblumen am Fenster,
die Winterlinge und Schneeglöckchen im Schnee
und die Schmetterlinge auf den violetten Dolden
des Sommerflieders.

Mögest du nie das kindliche Staunen verlernen,
das noch immer deine Seele erfüllen will.

WO HAT DIR DER SCHUTZENGEL GEHOLFEN?

Das Mädchen sagt:
Wenn ich beim Malwettbewerb einen Preis gewonnen habe; wenn ich unbehelligt an gefährlichen Jungs vorbeigehen konnte; wenn ich so mutig war, mich im Unterricht zu melden; als ich Rollschuhfahren lernte.

JESUS RIEF EIN KIND ZU SICH UND STELLTE ES MITTEN UNTER SIE UND SPRACH:
Wahrlich ich sage euch:
Wenn ihr nicht werdet wie die Kinder,
so werdet ihr nicht ins Himmelreich kommen.
Seht zu, dass ihr nicht einen
von diesen Kleinen verachtet.
Denn ich sage euch:
Ihre Engel im Himmel sehen allezeit das Angesicht
meines Vaters im Himmel.
Matthäus 18.2-10

GEWISS KANNST AUCH DU,
wenn du einen Moment innehältst und
über deinen Lebensweg nachdenkst,
eine Geschichte von deinem Schutzengel
und den kleinen Wundern am Wegesrande erzählen.

JEDER MENSCH HAT EINEN SCHUTZENGEL.
Du aber fragst:
Warum kann ich mich an kein Engelerlebnis erinnern?

Höre doch,
was dein Engel dir rät:

Nimm dir Zeit. Mache es dir gemütlich.
Entspanne dich. Lege vor dich ein Blatt Papier
und ziehe eine lange Linie.
Es ist deine Lebenslinie.
Schreibe an ihr Ende dein jetziges Alter.
An den Anfang setzt du eine Null.
Für jedes besondere Lebensjahr
zeichnest du einen weiteren Strich.
Erinnere dich an die Schlüsselerlebnisse
in deinem Leben.

SCHLÜSSELERLEBNISSE
sind Türöffner zu jener Kammer des Herzens,
in der dein Schutzengel wohnt.

DU HÄLTST DEN SCHLÜSSEL DES LEBENS
in deiner Hand. Er öffnet dir die Tür
zu deinem Herzen. Dort findest du eine Leiter.
Steige sie hinab, soweit du dich traust:

Wie weit reicht deine Erinnerung?
Bis ins dritte Lebensjahr?
Bis zum Zeitpunkt der Geburt?
Noch tiefer und weiter zurück?
Wo nahm dein Leben seinen Anfang?
Mit der Zeugung?
In einem anderen Vorleben?

WENN DU AUF DER LETZTEN SPROSSE
der Leiter angekommen bist,
dann frage nicht weiter.
Taste auch nicht im Dunkeln.
Spring.
Lass dich fallen.

Du wirst den Engel spüren,
der dich einst ins Leben getragen hat.

Er ist's noch immer,
der dich führt,
hält
und trägt.

WAS SCHÜTZT DER SCHUTZENGEL?

Er ist der Hüter deiner Seele.
Er ist die Muschel, du bist die Perle.
Er ist die Schale, du bist die Frucht.
Er ist das Gefäß, du bist der Wein.

DER SCHUTZENGEL SCHÜTZT DEN WESENSKERN DES MENSCHEN.

Die Farbe deiner Haare interessiert ihn nicht. Er kennt sich in kosmetischen Fragen nicht aus. Ihm ist es egal, welche Kleidung du trägst. Er fragt nicht nach der Höhe deines Bankkontos, den beruflichen Erfolgen und deinem Ansehen unter den Menschen. Wo alle anderen dich nur nach Äußerlichkeiten beurteilen, bewundern oder belächeln, da fragt er allein: Wie sieht es weiter drinnen aus?

DEIN SCHUTZENGEL KENNT

das Geheimnis deiner Identität.
Er ist der Hüter
des göttlichen Ebenbildes und
des Kindes in dir.

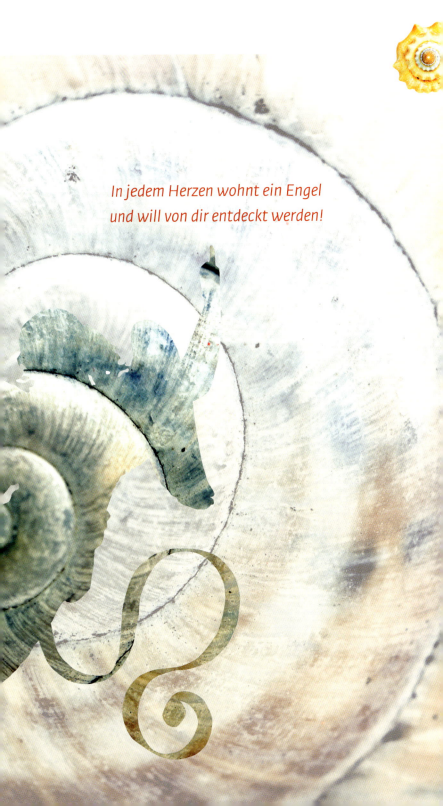

*In jedem Herzen wohnt ein Engel
und will von dir entdeckt werden!*

DEIN SCHUTZENGEL:
Er hütet deine Erinnerung,
er bewahrt den Schatz deines Lebens
vor dem Vergessen.
Alle heiligen Momente sind in ihm versammelt.
Er hält dein Leben zusammen.
Er ist der Hüter der inneren Welt,
aus der du nicht vertrieben werden kannst.
Er schützt das geheimnisvolle Königreich
deines Herzens.
Er ist es auch, der die Stimme in dir erhebt und sagt:
Vergiss nicht das Geheimnis deiner Herkunft.
Vergiss niemals: Du bist nicht nur von dieser Welt.

Im Haus der Seele wohnt ein Engel
und hält die Erinnerung an das Paradies wach.

DER SCHUTZENGEL IN DIR:

Er sprach das rechte Wort zur richtigen Zeit,
er stand dir zur Seite, als du Hilfe brauchtest,
er hat dich auf Händen getragen
und unter dem Schatten seiner Flügel
fandest du Zuflucht.
Suche seine Spuren in deinem Lebenslauf!

WIE ERSCHEINEN SCHUTZENGEL?

Es war im Februar 1977. Mitten in der Nacht wurde ich plötzlich wach, drehte mich auf die rechte Seite und blickte in die Tiefe meines Zimmers. Dort stand eine weiße Lichtgestalt von Menschengröße. An Flügel kann ich mich so wenig erinnern wie an Gesichtszüge. Die Gestalt war nicht nur in Licht gehüllt, sie war selbst ein fließendes Licht. Ich hatte dergleichen vorher weder erlebt noch darüber gelesen. Die Lichtgestalt blieb stumm. Jedenfalls kann ich mich nicht an eine Botschaft erinnern. Doch ich weiß noch genau, was mich in jenen Wintermonaten beschäftigte.

Die Sehnsucht nach einer Antwort auf die großen Fragen des Lebens hatte mich dazu bewegt, die alten Sprachen zu lernen und Theologie zu studieren. Nun schrieb ich meine erste wissenschaftliche Arbeit über eine Wundergeschichte. Wir jungen Studenten lasen Kommentare und übten uns in der Deutung der alten Texte. Die Bibel war voller Wunder und Erscheinungen, an deren Echtheit unsere Professoren nicht mehr glaubten. So wagte niemand die Fragen zu stellen, die uns wirklich auf der Seele lagen.

Da erschien der Schutzengel in meinem Zimmer. Ich war auf die Begegnung nicht vorbereitet und konnte mit der Erscheinung nicht umgehen. Wem hätte ich sie mitteilen können? Meinem Professor? Einem Nervenarzt? Meiner Freundin? Wie viele Menschen, die zum ersten Mal in ihrem Leben eine bewusste Engelerfahrung machten, war ich allein und traute mich nicht darüber zu reden. Erst Jahre später entdeckte ich die vier Kriterien zur Bewertung einer Engeloffenbarung:

1. Engelerscheinungen können eine bewusste oder unbewusste Selbsttäuschung sein (Betrug oder Illusion).
2. Engelerscheinungen sind Ausdruck einer Störung des Gehirns (Schizophrenie) oder der Seele (Anorexia nervosa).
3. Engelerscheinungen können Folge einer Sinnestäuschung sein.
4. Engel können tatsächlich erscheinen (Echtheit).

Als später Zweifel an der Echtheit der Erscheinung auftauchten, dachte ich: Warum bin ich nicht aus dem Bett gestiegen und auf die Gestalt zugegangen? Sie hätte sich dann plötzlich verflüchtigt und als pure Einbildung erwiesen. Oder auch nicht! Was aber wäre dann gewesen? Ich hatte in jener Nacht keine Angst, dachte nur so etwas wie „Ich will das jetzt nicht sehen". Ich drehte mich im Bett auf die linke Seite, lag mit dem Gesicht zur Wand, zog die Decke über den Kopf und schlief nach einiger Zeit ein.

So merkwürdig wie die Erscheinung selbst ist ihre Verankerung in meiner Erinnerung bis auf den heutigen Tag. Ich habe sie nie vergessen und bin noch heute überzeugt, dass dort jemand leibhaftig anwesend war. Heute weiß ich: Eine echte Engelerscheinung vergessen wir nicht. Sie bringt uns auf einen neuen Weg. Sie setzt im Laufe des Lebens immer neue Energien in uns frei. Sie bleibt im Ganzen geheimnisvoll. Wir werden mit ihr nicht fertig. Sie beschäftigt ein Leben lang Sinne und Seele. War jene Nacht so etwas wie eine Berufung? Darüber machte ich mir später immer wieder Gedanken, bis ich die Wahrheit des bekannten jüdischen Sprichwortes erfuhr: „Einen Engel erkennt man erst, wenn er vorübergegangen ist."

DU SUCHST DIE SPUR DES SCHUTZENGELS IN DEINEM LEBEN?

Dein Leben fließt nicht gleichmäßig dahin.
Die Lebenslinie durchläuft Höhen und Tiefen.
Manchmal wird sie durchbrochen.
Das sind Momente,
wo Entscheidendes passiert,
wo der Sinn deines Lebens aufleuchtet.

DEN FLÜGELSCHLAG DES ENGELS

spürst du in den Wendepunkten deines Lebens,
den Übergängen zu einer neuen Lebensphase,
den Stunden, Tagen oder Wochen des freudigen
oder schmerzhaften Wachsens.
Vielleicht war dein Schlüsselerlebnis ein Unfall
oder eine Krankheit, vielleicht eine Trennung,
eine durchwachte Nacht am Krankenbett,
der Tod eines geliebten Menschen,
die Rettung aus Gefahr, der überlebte Absturz.

Wer hat dich begleitet? Eltern, Geschwister, Freunde,
gewiss, aber auch dein unsichtbarer Freund
stand dir zur Seite. Erinnere dich: Du allein
kennst das Geheimnis deines Lebens
und der Engel in dir.

WIE ICH VERSUCHTE, DREI SCHUTZENGEL ZU FOTOGRAFIEREN

Im Jahre 1995 bot sich mir die Möglichkeit, an einer Expedition in die russische Arktis teilzunehmen. Wir besuchten das Inselreich von Sewernaja Semlja mit seiner atemberaubenden Landschaft: Sanftwellige, eisfreie Hochebenen sind mit grünen Schiefertafeln bedeckt, als hätten Riesen hier gespielt. Kein Grashalm, keine Moose zwischen den gewaltigen Brocken einer Geröllhalde. Nur schwarze Flechten mit grauen Rändern bilden die ersten Spuren des Lebens. Der Frost hat die Steine aufgesprengt und steinerne Blütenornamente gezeichnet. Im Unbelebten leuchten die Grundmuster des Lebendigen hervor. Übergänge verwischen. Tod und Leben fließen ineinander. Orangerot strahlende Flechten ernähren sich von Mineralien. Der Stein drängt ins Leben.

Mich ergriffen Faszination und Schrecken zugleich. Hätte ich nicht die Augen schließen müssen vor dem Geheimnis? Hier war die Werkstatt des Schöpfers. Das fruchtbare Tohuwabohu. Jener Anfang, da Gott Himmel und Erde schuf, die Urzeit, da Wasser und Land gerade getrennt worden waren und das Leben zu keimen begann. Die Mitte der Schöpfung lag nicht in der Vergangenheit irgendeines erdgeschichtlichen Zeitalters. Sie war jederzeit und ist ewige Gegenwart. Das Vergangene war nicht vergangen, sondern gegenwärtig. Hier wurden Licht und Dunkelheit getrennt, Wasser und Land, Sonne, Mond und Sterne, Algen und Amöben.

Ich sah und staunte: Himmel und Erde, Licht und Wasser flossen ineinander. Farben und Formen wechselten in Minutenschnelle. Türkisblau und grauschwarz brach der Gletscher auf. Jahrtausendelang hatten seine Eismassen das Land weichgeknetet. Jetzt gaben sie den fruchtbaren Lehm der Schöpfung frei, einen Erdenkloß, wartend auf den Anhauch Gottes. Selbst die Berge eilten ihrem Schöpfer entgegen. In braunroten, ockergelben und lindgrünen Linien strömten sie den Canyon hinab. Die Rücken gezeichnet von den Spuren des Walkens und Knetens. Kein Polarfuchs und kein Lemming, kein Vogel in der Luft und kein Wurm im Boden. Stille und Schweigen. Nur rostfarbenes Wasser fließt murmelnd über rosige Gipsplatten in der Schluchten Tiefe. Eine Schöpfung in Bewegung, eine Welt im Werden, nicht zum Verweilen einladend.

Vor dem fünfstündigen Flug von Sewernaja Semlja über das Eismeer nach Franz-Josef-Land werden die vier großen Tanks des Hubschraubers in Sredny aufgefüllt. Es ist der 23. Juli 1995, vier Tage vor meinem 40. Geburtstag. Die Haut des Tankwartes ist vom Frost gezeichnet. Ein erfrorenes Lächeln legt die Zahnhälse und das bläuliche Zahnfleisch frei. Drei junge Frauen sind gekommen und blinzeln gegen die Sonne. In Sichtweite von Sredny liegt die Insel Domaschnij. Hier stand in den dreißiger Jahren das Haus des russischen Arktisforschers Uschakow. Bären- und Walrossknochen liegen verstreut; zwischen den letzten Balken des Hauses brüten die Elfenbeinmöwen. Sie gelten als Schutzengel der Arktis und Symbole der Unsterblichkeit. Sergej, der Funker, verweist auf die Schwingen der Elfenbeinmöwe, die er als Tätowierung auf dem Handrücken zwischen Daumen und Zeigefinger trägt. „Sei ohne Sorge", sagt er. „Wenn der Helikopter ins Wasser stürzt, dann kommen die Möwen und tragen unsere Seelen in den Himmel."

Später auf Domaschnij ging ich allein am Kieselstrand. Da standen plötzlich drei Engel aus Licht und Wolken am Horizont. Ihre Erscheinung reichte vom Packeis des Meeres bis an den Himmel. Stumm verbeugte ich mich vor ihnen. Dann nahm ich meine Kamera und schoss ein Foto.

Die Insel Uschakowa: Zwei Holzhäuser inmitten des Eismeeres auf einem Gletscher. Ein moosiger Eisbärenschädel liegt zwischen alten Zeitungen und leeren Flaschen. Lebensmittelreste in der Vorratskammer. Wäsche an der Leine und ein Feuerlöscher an der Wand. Mit weißem Pinselstrich sind die Umrisse eines nackten weiblichen Körpers an die Eingangstür gemalt worden. Doch schon beginnt eine dicke Eisschicht den Fußboden der Häuser zu überziehen. Über dem Hauptgebäude sind noch die Funkdrähte gespannt. Auf ihren Drähten spielt der Polarwind das Lied von Nacht und Eis. Der Kältetod des Universums. Ewiges Schweigen. Das Ende dieser Welt, aber nicht der Schöpfung.

Als wir auf Franz-Joseph-Land die Baracke bezogen, entdeckte ich in einem Regal eine Nachbildung der berühmten Ikone mit den drei Engeln von Andrej Rubljow. Das schien wie eine Bestätigung des Erlebten. Die Begegnung mit den drei Engeln hatte Folgen für mein inneres Gleichgewicht. Plötzlich wurde alles ganz leicht. Und es geschah etwas, das sich nur schwer in Worte fassen läßt. Ich war im Einverständnis und tauchte ein in Stille und Schweigen. Mit dem Willen verließ mich die Sorge um mein Leben, und der Engel des Friedens zog ins Haus meiner Seele ein. Er lehrte mich Einverständnis. Liebe, Gelassenheit, Urvertrauen und Heiterkeit erfüllten meine Seele.

Zuhause angekommen, ließ ich die Filme entwickeln. Natürlich waren keine Engel auf dem Foto zu sehen. Warum hatte ich überhaupt versucht, sie zu fotografieren? Ist es nicht lächerlich, die innere Wirklichkeit der Engel durch ein äußeres Bild beweisen zu wollen?

DU FRAGST DEN SCHUTZENGEL:

Seit wann begleitest du mich? Seit der Taufe?
Er antwortet:
Dann hätten die ungetauften Kinder
keinen Schutzengel. Wäre das gerecht?
Du fragst:
Seit der Geburt?
Er antwortet:
Dann hätten die ungeborenen Kinder
keinen Schutzengel. Wäre das fair?
Du fragst:
Seit dem dritten Monat?
Er antwortet:
Dann hätte der Embryo keinen Schutzengel.
Wäre das gerecht?
Du fragst:
Seit dem Augenblick der Zeugung?
Jetzt fragt er dich:
Sage mir, wann begann dein Leben?

EIN ERLEBNIS:

Die Mitte der Nacht war bereits überschritten und alle waren zu Bett gegangen. Wir waren die letzten, die noch wachten. Im Morgennebel dämmerte draußen schon ein neuer Tag. In ihrem Schoß schlief ihre kleine Tochter. Sie wuchs ohne Vater auf. Ich hatte von den Engeln der Kinder erzählt, die nach altem Glauben die Seelen aus dem Paradies auf ihrem Weg ins irdische Leben begleiten. Sie schaute mich an und sagte: Sie habe den Schutzengel ihres Kindes gesehen. Es war in jener Liebesnacht gewesen, als das Kind gezeugt wurde. Da stand er im Raum. Sie allein habe ihn gesehen, und sie habe gewusst, diese Nacht wird wie keine andere sein.

DEIN SCHUTZENGEL TRUG DICH

in den Mutterleib,
damit du eine menschliche Gestalt annähmest,
die dich auf deiner Reise durch das Leben
schützen soll.

Er stand an deiner Seite,
noch bevor du geboren wurdest,
er war dabei, als deine leibliche Gestalt
im Mutterleib gezeugt wurde,
er war dabei,
als Gottes Liebe dich ins Leben rief.

DIE SEELE IST DURCH ERZIEHUNG, Umwelteinflüsse und die Zeit, in die ein Mensch hineingeboren worden ist, geprägt. Aber sie kommt auch vom Himmel und kehrt in den Himmel zurück. Nicht die Eltern haben das Kind gewählt, sondern das Kind hat sich seine Eltern ausgesucht. Das ist ein Zeichen seiner Liebe. Der Schutzengel richtet den Blick der Eltern auf den himmlischen Ursprung des Kindes. Er schenkt aber auch jene Gelassenheit, die Eltern brauchen, um ihre Kinder loslassen zu können. Jedes Kind ist mehr als die Summe der erzieherischen Einflüsse und des genetischen Erbes der Familie. Es folgt seinem eigenen Auftrag und muss ihn in seinem Erdenleben entfalten. Der Schutzengel schenkt Eltern und Erziehern Mut, auf die Wachstumskräfte im Kind zu vertrauen.

Wie alt ist mein Schutzengel?

ENGEL KENNEN KEINEN KÖRPERLICHEN SCHMERZ. So wissen sie nicht, wie weh es tut, wenn das Kind beim Skateboard-Fahren gestürzt ist. Sie kennen nicht die Angst vor dem Zahnarzt. Sie kennen kein gebrochenes Bein, kein Ohrensausen, keinen Krebs, keinen Herzinfarkt – verstehen sie unsere Nöte überhaupt?

WIR WERDEN ÄLTER UND LEGEN AN JAHREN ZU.

Aus dem Mädchen wird eine junge Frau, aus dem Knaben ein Jüngling. Das Leben wird Spuren auf unserem Körper hinterlassen: Narben und Nähte, Falten und Furchen. Die Gesichtszüge werden markanter, der Charakter tritt deutlicher hervor.

Unterliegt auch das Leben des Schutzengels
einer Wandlung?
Ist der Schutzengel genauso alt wie sein Mensch?
Altert er mit uns oder bleibt er ewig jung?
Gibt es Altersunterschiede unter den Schutzengeln?

Sie leben ohne Sünde
und werden niemals alt,
sind mächtig und geschwinde,
von himmlischer Gestalt.

Ratzeburger Gesangbuch von 1741

DIE SEELE FRAGT:

Wann wurde mein Schutzengel erschaffen?
Wie viele Millionen oder Milliarden Jahre
mag die Geburtsstunde der Engel zurückliegen?

Engel sind nicht in eine Welt von Raum und Zeit geboren worden. Doch wie alles Geschaffene haben sie einen Anfang. Schutzengel sind Kinder des Lichtes, Morgenglanz der Ewigkeit, reines Morgenlicht, das am ersten Tag der Schöpfung aufleuchtete.

*Morgenglanz der Ewigkeit,
Licht vom unerschaffnen Lichte,
schick uns diese Morgenzeit deine Strahlen
zu Gesichte und vertreib
durch deine Macht unsre Nacht.*

Christian Knorr von Rosenroth

DEIN SCHUTZENGEL UND DU:
ihr gehört mit den Pflanzen und Tieren
zu einer Familie.
Er ist der ältere Bruder und
die große Schwester an deiner Seite.

AM ANFANG WAR GOTT ALLES IN ALLEM.

In seinen Händen hielt er eine große Schriftrolle mit abertausend Namen. Es war das Buch des Lebens. Hier stand auch dein Name verzeichnet, noch bevor du geboren wurdest. Dann wurde der Text des Lebens entrollt. Du wurdest geboren. Dein Schutzengel aber war von Anfang an dabei. Er ist Gottes Stimme in dir. Sie sagt: Vergiss nicht das große Webmuster des Lebens!

WIR SCHÜTZEN DIE NATUR

mit dem blauen Symbol des Umweltengels.
Was aber tun wir für die spirituelle Umwelt
guter Mächte und Energien, die uns umgibt?
Auch die Welt des Geistes, der Gedanken und Gefühle
braucht einen Schutzengel.

ENGEL LEBEN IN DER EWIGKEIT,
aber wie alles Geschaffene haben sie einen
Geburtstag. Erinnern sie sich an den
Tag der Geburt? Feiern Engel vielleicht
sogar ihren Geburtstag?
Aber gewiss!
Engel feiern 365 Mal im Jahr Geburtstag.
Jeden Morgen fühlen sie sich wie neu geboren.
Jeder Tag ist für sie der Anfang eines neuen Lebens.

Morgenlicht leuchtet, rein wie am Anfang.
Frühlied der Amsel, Schöpferlob klingt.
Dank für die Lieder, Dank für den Morgen,
Dank für das Wort, dem beides entspringt.

aus dem Gälischen

DEIN SCHUTZENGEL WURDE NICHT GEFRAGT,
ob er dich begleiten will.
Du wurdest nicht gefragt,
ob er dein Begleiter sein soll.
Wie Liebende seid ihr füreinander bestimmt.

SCHAFFT ES EIN ENGEL ALLEIN, seinen Menschen rund um die Uhr zu betreuen? Braucht er nicht auch einmal eine Pause, Stunden, wo er neue Kraft schöpfen kann, vielleicht sogar einige Tage Urlaub?

Hat jeder Mensch vielleicht mehrere Schutzengel? Einen für die Nacht und einen für den Tag? Einen für die Zeiten der Trauer und einen für die Stunden der Freude? Einen für die Arbeit und einen für die Freizeit?

*Schneuze dich behutsam
und spucke nur hinter dir aus,
wegen der Engel, die vor dir stehen!*

Bayerische Volksweisheit

*„Wer unter dem Schirm des Höchsten sitzt
und unter dem Schatten des Allmächtigen bleibt,
der spricht zu dem Herrn:
Meine Zuversicht und meine Burg,
mein Gott, auf den ich hoffe.
Denn er hat seinen Engeln befohlen,
dass sie dich behüten auf allen deinen Wegen,
dass sie dich auf den Händen tragen
und du deinen Fuss nicht an einen Stein stoßest."*

Psalm 91

DER SCHUTZENGEL BEGLEITET UNS.

Doch steht er uns zur linken oder zur rechten Seite? Früher glaubten die Katholiken, der Schutzengel gehe stets auf der rechten Seite seines Menschen, bei einem Priester zur Linken. Heißt das, vor uns, über uns oder unter uns ist etwa kein Schutzengel?

Bleibt, ihr Engel, bleibt bei mir!
Führet mich auf beiden Seiten,
dass mein Fuß nicht möge gleiten.
Aber lehrt mich auch allhier
Euer großes Heilig singen
und dem Höchsten Dank zu bringen.

Christian Friedrich Henrici

ÜBER DIE ANZAHL DER SCHUTZENGEL

eines Menschen gehen auch die Meinungen der islamischen Gelehrten auseinander. Allgemein werden für jeden Menschen zwei Schutzengel angenommen. Einer steht zur Linken und notiert die bösen Taten, der zweite zur Rechten schreibt die guten Taten auf. Was aber geschieht, wenn eine Tat nicht eindeutig gut oder böse ist? In diesen Zweifelsfällen hat der Engel zur Rechten das Sagen. Denn er hat den Weitblick. Er sieht die Folgen unseres Tuns.

Die Schutzengel führen also eine Art Personal-Report oder Tagebuch des Lebens. Nach einer bösen Tat seines Menschen wartet der Schutzengel sechs Stunden mit der Eintragung der Sünde in das Buch des Lebens. Wer rechtzeitig binnen der Sechs-Stunden-Frist bereut und um Vergebung bittet, dessen Sünde wird nicht angerechnet.

Aber auch bereits notierte Sünden können durch gute Werke ausgeglichen werden. Dies geschieht so: Die guten Taten werden vom Engel zur Rechten neunfach gewertet. Dadurch entsteht schnell ein Überschuss auf dem Haben-Konto, der zum Ausgleich des Minus-Kontos der bösen Taten herangezogen werden kann. Selbst nach dem Tod können eventuell bestehende Defizite an guten Taten ausgeglichen werden. Gott schickt dazu zwei Engel aus dem himmlischen Heer in das Grab, von wo aus sie Gott loben, preisen und verherrlichen. Ihre guten Werke werden dem Verstorbenen am Tag der Auferstehung gutgeschrieben.

Weil Muslime den Glauben an die Schutzengel des Menschen sehr ernst nehmen, können sich viele von ihnen einfach nicht vorstellen, dass zwei Engel diesen verantwortungsvollen Dienst rund um die Uhr leisten können. Deshalb gehen einige Gelehrte von vier Schutzengeln aus: zwei für die Betreuung am Tag, zwei für den Schutz während der Nacht.

Ich will heint schlafen gehen,
Zwölf angel sollen mit mir gehen,
Zwen zur Haupten,
Zwen zur Seiten,
Zwen zun Füssen,
Zwen die mich decken,
Zwen die mich wecken,
Zwen die mich weisen
Zu dem himmlischen Paradeisen.
Amen.

Johannes Agricola

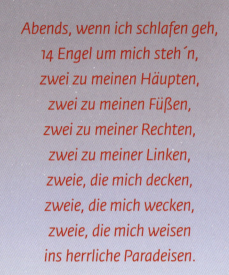

*Abends, wenn ich schlafen geh,
14 Engel um mich steh´n,
zwei zu meinen Häupten,
zwei zu meinen Füßen,
zwei zu meiner Rechten,
zwei zu meiner Linken,
zweie, die mich decken,
zweie, die mich wecken,
zweie, die mich weisen
ins herrliche Paradeisen.*

Engelbert Humperdinck

WO DU GEHST ODER STEHST,
ob du wachst oder schläfst –
stets ist dein Engel neben dir
zur Rechten und Linken,
er steht vor dir und hinter dir,
er fliegt über dir und unter dir.
Aus seiner Liebe kannst du niemals fallen.
Immer ist's er nur,
er allein,
der dich umhüllt
mit dem Mantel der Liebe,
er,
der nicht schläft und
niemals müde wird,
dir zur Seite zu stehen.

Wie viele Schutzengel habe ich?

Wann hat die Geduld meines Schutzengels ein Ende?

DER SCHUTZENGEL LÄSST RAUM FÜR DIE SELBSTERFAHRUNG

und die Suche nach dem eigenen Weg.
Er wartet ab, beobachtet,
greift gelegentlich sanft korrigierend ein.
Woher nimmt er nur seine Engelsgeduld?

DER BLICK DES SCHUTZENGELS

reicht über den Horizont des irdischen Lebens hinaus in die Ewigkeit. Von dort her fließt ihm jene Gelassenheit zu, die auch den Weisen und Mystikern zu eigen ist. Die Liebe des Schutzengels ist bedingungslos und frei von Eitelkeit und Selbstbezogenheit.

WO SICH WACHSTUMSKRÄFTE FREI ENTFALTEN SOLLEN,

sind Menschen mit Engelsgeduld gefragt. Die Engelsgeduld der Erzieher und Lehrer verwandelt die Seelen der Kinder. Engelgleiche Kinder nennen wir „Engelchen", „Engele", „Engelein", „Engelschatz", „Engelsköpfchen" oder „Engelskind". Die Jungen heißen „Engelknaben", die Mädchen „Engelmädchen". Sind sie zudem „engelfromm" und „engelrein", dann ist die „Engelsaat" aufgegangen, und in den Familien, Kindergärten und Schulen herrscht ein „Engelston".

Aber auch Angestellte, Arbeiter, Zahnarzthelferinnen, Verkäuferinnen und Busfahrerinnen brauchen Engelsgeduld im Umgang mit ihren Kunden, Patienten und Vorgesetzten. In den Betrieben wird die Stimmung beschwingter und die Arbeit produktiver. Angst weicht, Stress wird abgebaut, Heiterkeit breitet sich aus.

MENSCHEN MIT ENGELSGEDULD haben eine besondere Aura. Sie sind „engelähnlich" oder „engelgleich", „engelgut" und „engelhaft", voll „Engelanmut" und „Engelart". Sie haben ein „Engelherz" und ein „englisches Wesen". Sie reden mit „Engelszungen" oder „Engelstimme" im „Engelston". Dann wird es „engelstill".

DIE ENGELSGEDULD DER ENGEL
ist nicht unendlich.
Wenn die Wahrheit verletzt wird
und die Liebe bedroht,
dann stellen sie sich ihrem Menschen
in den Weg und sagen:
Nein!
Kehre um!

**UNSERE KINDER GEHÖREN
UNS NICHT,**
aber sie sind uns anvertraut. Wollen sie dem Ruf des Engels folgen, so lass sie in Frieden ziehen, und versuche sie nicht zu halten. Doch entlasse sie nicht ohne deinen Segen.

*Das Leben und die Liebe
sind die Lehrmeister der Schutzengel.*

WOHER WISSEN SCHUTZENGEL,
was sie zu tun haben?
Wer bereitet sie auf ihre Aufgabe vor?
Besuchen sie eine Schule?
Gehen sie in eine Lehre?
Haben sie einen Meister an ihrer Seite?
Studieren sie Pädagogik und Psychologie?
Wer beruft die Berufenen?

DIE STIMME ERKLINGT.
Woher kommt der Ruf?
Wer ruft?
Du selbst bist es nicht.
Der Ruf kommt von ganz unten
aus jener Tiefe deines Wesens,
die dir selbst Geheimnis ist.
Du erkennst sie an deiner Reaktion:
Du musst ihr folgen –
auch gegen deinen Willen.

DER RUF IST UNMITTELBAR UND ZWINGEND.
Überall kann er an dich ergehen:
Hier wirst du gebraucht.
Erhebe die Stimme.
Packe mit an. Mische dich ein.
Der Ruf ist die Stimme des Engels.

NIEMAND IST OHNE SCHUTZENGEL ERWACHSEN GEWORDEN.

Hast du ihn etwa vergessen?

Erinnere dich:
Du bist gestürzt:
Wie oft hat dein Schutzengel dir das Knie verbunden!
Du hattest hohes Fieber:
Wie viele Stunden saß dein Schutzengel an deinem Bett und hat dir ein kaltes Tuch auf die Stirn gelegt!
Du lagst wach: Dein Schutzengel sang dich in den Schlaf!
Du hast Glanzbilder gesammelt:
Dein Schutzengel half dir beim Tausch!
Oh, mögen wir niemals die kleinen Momente des Glücks und zärtlichen Gesten der Liebe vergessen.
In ihnen war der Himmel gegenwärtig.
Mögen sie uns in den dunklen Stunden des Lebens mit Dankbarkeit erfüllen!

ENGEL ERSCHEINEN GERNE IN MENSCHENGESTALT,

weil sie unerkannt auf der Erde wirken möchten. Dies entspricht ihrem bescheidenen Wesen. Sie drängen sich nicht in den Vordergrund und suchen keinen eigenen Vorteil. Wie viele Krankenschwestern, Altenpflegerinnen, Kindergärtnerinnen, Lehrerinnen, Hebammen, wie viele Köchinnen, Raumpflegerinnen oder Verkäuferinnen mögen Engel in Menschengestalt sein! Niemand weiß es.

*Mütter und Väter sind Engel in der Lehre.
Großväter und Großmütter sind Engel,
die eine zweite Chance bekommen haben.*

ENGEL IN MENSCHENGESTALT:
Elsa Brändström, der Engel von Sibirien.
Sie betreute deutsche Kriegsgefangene in Russland.
Janusz Korczak, der Schutzengel der Waisenkinder.
Er leitete ein jüdisches Waisenhaus in Warschau und verließ seine Kinder nicht, als die Nazis ihnen Gewalt antaten.
Mutter Teresa, der Engel von Kalkutta.
Sie kümmerte sich um die Sterbenden.
Ruth Pfau, der Engel von Karachi.
Sie betreute Leprakranke.
Sally Becker, der Engel von Mostar.
Mit ihrer Gruppe „Operation Angel" betreute sie verletzte und kranke Kinder während des Bosnien-Krieges .
Gideon Kremer, der Engel von Grosny.
Er half den Menschen in Tschetschenien.
Lady Diana, der Engel der Herzen.
Ihrem Geist verpflichtet sind „Lady Dianas Engel".
Sie kümmern sich um gelähmte oder an Leukämie leidende Kinder.
Linda McCartney, der Engel der Tiere.
Die gelben Engel des ADAC.
Der blaue Engel des Umweltschutzes.
Die Business Angels und das Business Angels Netzwerk Deutschland.
Sie helfen jungen Unternehmern beim Berufsstart.
Die Berliner Guardian Angels.
Sie laufen in Bahnhöfen und U-Bahnen Patrouille.

*Mein Vater, war er der große Engel,
der neben mir ging?*

1894 WURDE IN BILBAO

die Gemeinschaft der „Schwestern von den heiligen Schutzengeln" gegründet. Sie widmete sich der „Erziehung der armen und gefährdeten Jugend". In Deutschland entstand der „Schutzengelverein für die Diaspora" und die Jugendbeilage der Wochenschrift „Die katholische Familie" veröffentlichte regelmäßig Schutzengelgeschichten, -bilder und -gebete. In zahlreichen Gemeinden Deutschlands entstanden Schutzengelbruderschaften. 1871 wurde der Sankt-Raphaels-Verein zum Schutze deutscher Auswanderer von Peter Paul Cahensly (1838–1923) in Mainz gegründet, und in Auray entstand 1860 ein Gabriel-Verein zur Förderung der Jugenderziehung.

WILLST DU EIN ENGELLEBEN FÜHREN,

so gehe den Weg der Vollendung.
Steige dem Himmel entgegen,
und kehre auf den Boden der Tatsachen zurück.

WO ABER STEHST DU AUF DER HIMMELSLEITER?

Nimm dir Zeit.
Lege vor dich ein großes Blatt Papier,
und zeichne eine Leiter mit sieben Sprossen.
Beschrifte die Sprossen von unten nach oben
in der Reihenfolge: Tapferkeit, Gerechtigkeit, Klugheit, Besonnenheit, Glaube, Hoffnung, Liebe.

Überlege:
Was ist dir in deiner jetzigen Lebensphase wichtig?
Auf welcher Stufe stehst du? Markiere sie!
Welche Stufe möchtest du erreichen? Markiere auch diese! Was kannst du tun, um diese Stufe zu erreichen? Welche Entscheidungen musst du treffen?
Schreibe deine Gedanken rechts neben die Himmelsleiter!

Jetzt überlege weiter:
Was oder wer hindert dich, deinen Weg der Vollendung zu gehen? Sind es bestimmte Eigenschaften, Ängste, Vorurteile? Sind es Menschen, Freunde, dein Partner, dein Vorgesetzter?
Notiere es auf der linken Seite der Himmelsleiter.
Werde dir der guten und der dunklen Mächte in dir und um dich herum bewusst.

Entscheide dich, ergreife den Pilgerstab! Vor allen Dingen: Lass dir helfen. Auf jeder Stufe der Vollendung steht dein Schutzengel und lächelt dir zu.
Reich ihm die Hand!

Braucht mein Schutzengel gelegentlich Urlaub?

SIND SCHUTZENGEL WIE JENE MENSCHEN,
die ohne Arbeit nicht leben können, die keine Freizeit kennen und vom Morgengrauen bis zur Abenddämmerung munter tätig sind? Oder kennen sie Phasen der Erschöpfung und des Motivationsverlustes? Sind sie gelegentlich versucht, die Brocken hinzuwerfen? Ist auch bei ihnen manchmal die Batterie leer?

ENGEL SIND IMMER IM DIENST
und arbeiten ohne materielle Entlohnung.
Doch wo tanken sie auf?
Das Geheimnis der Schutzengel ist ihr hoher
Motivationsgrad. Er ist begründet in der
„höheren Sache", der sie dienen.
Sie setzt in ihnen unerschöpfliche Energien frei.

*Ein Schutzengel ist ein denkendes,
allzeit tätiges, willensfreies, unkörperliches,
Gott dienendes Wesen.
Seine einzige Arbeit ist es,
Gott zu preisen
und seinem göttlichen Willen zu dienen.*

Johannes Damascenus

AUCH IN DIR STECKT DIE BEREITSCHAFT

zum Dienst, wenn dich die Sache begeistert,
wenn du spürst: Die Umwelt braucht mein
Engagement, die verlassenen Tiere in den
Tierheimen, die missbrauchten Kinder,
die Flüchtlinge aus Afghanistan und dem Irak.
Auch dein Engeldienst trägt dazu bei,
dass ein Stück Himmel auf die Erde kommt.

WANN ENDET DER DIENST DEINES ENGELS?

Der Dienst deines Schutzengels ist erst vor der Pforte des Gartens Eden beendet. Dann trittst du
mit deinem Schutzengel Hand in Hand ins Paradies. Dein Schutzengel und du, ihr seid das Urbild innigster Verbundenheit. Sie wird niemals aufgelöst.

*Warum unterscheiden Schutzengel nicht
zwischen Freizeit und Arbeit,
zwischen Alltag und Fest?
Weil sie das Fest des Lebens feiern.*

Verlieben sich die Schutzengel von Liebenden ineinander?

*In jedem Liebeserlebnis
ist auch der Himmel gegenwärtig.*

SCHUTZENGEL SIND LIEBENDE.

Aber kennen Engel die erotischen Freuden und die sexuelle Begierde? Sind sie männlich oder weiblich? Vermehren sie sich? In der Engelforschung sind viele gelehrte Abhandlungen zur Frage der Sexualität der Engel geschrieben worden. Aber ist der Fall nicht eindeutig? Sind Engel nicht geschlechtslose, von Gott für die Ewigkeit geschaffene, unsichtbare Wesen, reine Geister der Luft, die über allen Geschlechterdifferenzen stehen?

DU FRAGST:
Kennen Schutzengel unsere Gefühle,
unser Lieben und Leiden,
das Liebesfeuer und den Liebeskummer?

DEIN SCHUTZENGEL ANTWORTET:
Wie sollten wir euch begleiten können,
wenn uns die Liebe fremd wäre?

DEN GANZEN TAG ÜBER

waren wir durch die Altstadtgassen Prags gebummelt, hatten Kirchen und Museen besichtigt. Abends saßen wir in einem Wirtshaus. Ich war hundemüde und drängte zum Aufbruch. Franz aber wollte noch nicht. Er bestellte ein letztes Bier. Ich wurde ungeduldig, schaute auf die Uhr, blickte auf Franz. Der aber ließ sich nicht aus der Ruhe bringen und genoss das rege Treiben im Lokal. Als er den letzten Schluck getrunken hatte und wir gerade aufstehen wollten, setzte sich ein Paar an unseren Tisch. Schnell ergab sich ein Gespräch zwischen Franz und der Frau. Beide kamen aus München, beide wohnten im selben Viertel, beide besuchten am Sonntag den Gottesdienst – mit einem Unterschied: Sie stand vor dem Altarraum, Franz dagegen zelebrierte die Messe.

Worüber die beiden sich weiter unterhielten, weiß ich nicht, denn der Ehemann der Frau suchte das Gespräch mit mir. Ich aber war genervt, hörte nicht richtig zu und drängte zwischendurch Franz zum Aufbruch. Der Mann aber sagte: „Sehen Sie nicht, wie glücklich meine Frau ist?"

In der Tat! Ihre Augen leuchteten. Sie erzählte von ihrer Tochter, ihrem einzigen Kind. Sie sei dreißig Jahre alt, habe ein wunderbares Examen gemacht, eine sehr gute Anstellung gefunden, nur – habe sie noch immer keinen Mann, ja nicht einmal einen festen Freund.

„Herr Pater," sagte sie, „wissen Sie nicht einen Rat?"
Franz antwortete:
„Haben Sie schon einmal mit dem Schutzengel Ihres zukünftigen Schwiegersohnes gesprochen?"
Die Frau schaute verblüfft. Franz fuhr fort:
„Sehen Sie mal: Es gibt so viele Menschen auf der Welt, tausend mal tausend und zehntausend mal zehntausend.

Wie sollen sich da ihre Tochter und der für sie bestimmte Mann finden? Das ist schwierig, ja fast unmöglich. Für jeden Menschen ist es schwierig, ja fast unmöglich allein den richtigen Partner fürs Leben zu finden. Vielleicht wohnt der Zukünftige in einer anderen Stadt oder gar in einem anderen Land? Vielleicht hat er ganz andere Vorstellungen von seiner idealen Frau? Wie sollen diejenigen, die füreinander bestimmt sind, zusammenkommen, wenn ihre Schutzengel nicht eingreifen?"
Und dann wiederholte er seine erste Frage:
„Haben Sie schon einmal mit dem Schutzengel Ihres zukünftigen Schwiegersohnes gesprochen?"
„Nein," antwortete die Frau, „natürlich nicht."
Und sie schaute mit einem Blick voller Skepsis und zugleich voller Erwartung, als wolle sie sagen:
Das können wir Erwachsenen doch im Ernst nicht glauben. - Ja, warum eigentlich nicht!
Die Frau war gelöst, ja heiter beschwingt und ihr Ehemann so glücklich über das Glück seiner Frau, dass er bat, die ganze Zeche zahlen zu dürfen.

Zwei Jahre später erzählte mir Franz Folgendes: Ein Mitbruder hatte ihm Grüße von Maria und Hans-Karl ausrichten lassen. Franz konnte sich an die Namen nicht erinnern. Wer sind Maria und Hans-Karl? Die beiden, sagte der Mitbruder, hätten ihn vor einiger Zeit in Prag getroffen. Da erinnerte sich Franz an unseren Abend und das Schutzengelgespräch. Die Frau hatte seinen Ratschlag befolgt und zum Schutzengel ihres zukünftigen Schwiegersohnes gebetet.
„Und?", fragte ich Franz.
Er sagte:
„Die Tochter wird demnächst heiraten."

DER FELS HAT MICH UMARMT.
Fest, ruhig, stark, sicher und ein bisschen zeitlos schwingt er mich an,
und ich lege mich in seine Schwingen.
Dann hat er mir ein handgroßes Steinstück von sich gezeigt
und mein Herz wissen lassen,
dass ich dieses Teil von ihm mitnehmen darf,
und wenn ich es küsse,
dann küsst mich ein Engel,
der Engel des Felsens.
Der hebt mich dann hinauf
und zeigt mir die Schönheit des Berges und ringsum
und wir wissen:
Der Herr ist schön
und wir preisen den Herrn im Schauen.
Gerlinde Krauß

DU WILLST DEINEN SCHUTZENGEL SEHEN?
Schaue einem anderen Menschen
eine Minute lang still in die Augen.
Denke dabei über folgenden Spruch nach:
In jedem Menschen ist ein Engel verborgen.

*Engelsküsse
sind Sommersprossen,
die auf dem Gesicht der Geliebten aufleuchten
wie das Lächeln eines Engels.*

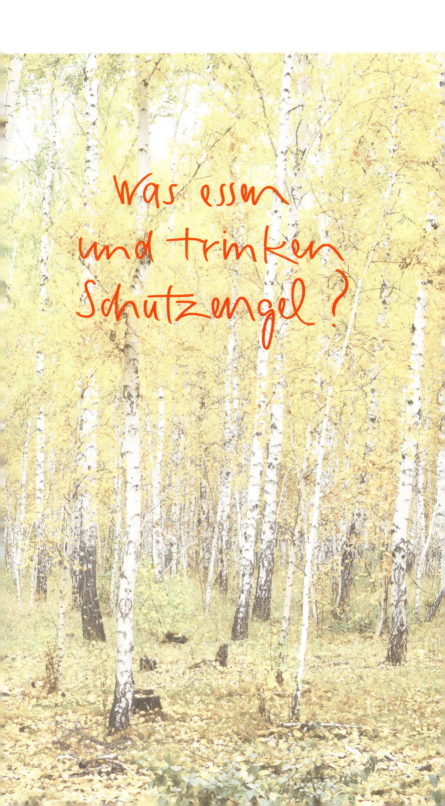

*Wenn sich an einem klaren, kalten Herbstmorgen
der Himmel glühendrot färbt, sagt man:
„Die Engel backen Brot."*

*Nun essen die Engel Himmelsbrot
und ist ihr Essen nichts anderes,
denn ein Anschauen der großen Herrlichkeit Gottes.
Denn sie tun die Augen nimmermehr zu,
sondern immer sehen sie auf Gott,
ihren Schöpfer, mit großer Vorsichtigkeit.*

Paracelsus

KEIN SCHUTZENGEL ERHEBT EINSPRUCH gegen den gelegentlichen Genuss von Alkohol. Sonst wären die zahlreichen Klosterschänken ja wider ihren Willen. Die Crailsheimer Engel-Brauerei stellt jedoch nicht nur Engel-Bräu her, sondern fordert auf Biergläsern, -deckeln und auf Stickern zu fröhlicher Bierseligkeit auf: „Prost, mein Engel!" Das Prosit gilt nicht dem Schutzengel des Trinkers, sondern der weiblichen Begleitung. Um Menschen vor den Folgen der Trunkenheit zu bewahren und den Alkoholkonsum insgesamt einzuschränken, verteilt die dänische Polizei in den Wirtshäusern sogenannte Schutzengelplaketten. Auf der Rückseite der Plakette ist eine Hand zu sehen, die gleichzeitig Autoschlüssel und ein Bierglas hält. Ein dicker roter Querbalken liegt warnend darüber. Die Vorderseite der Plakette zeigt das dänische Polizeiwappen. Darunter steht „Skytsengel". Die Schutzengelplaketten werden an die nüchternen Begleiterinnen der Trinker verteilt. Mit der Annahme der Plakette versprechen sie, wie ein Schutzengel für das Wohl des Zechers Sorge zu tragen.

ALS ABRAHAM VON DEN DREI ENGELN im Hain Mamre besucht wird, fällt er ehrfürchtig vor ihnen nieder. Dann nehmen die Engel unter einem Baum vor Abrahams Zelt Platz. Abraham und Sarah tischen ihnen Kuchen, Kalbfleisch, Butter und Milch auf. So steht es in der Bibel. Essen Engel also butterbestrichenen Kuchen und Kalbfleisch? Trinken sie Milch?

Der junge Tobias wird auf einer langen Reise von dem Engel Raphael begleitet, ohne zu wissen, dass der Wegbegleiter sein Schutzengel ist. Sie schlafen in einem Zelt, sie essen gemeinsam. Als Raphael sich nach der Reise als Schutzengel zu erkennen gibt, stellt er klar: „Es schien zwar so, als hätte ich mit euch gegessen und getrunken; aber ich genieße eine unsichtbare Speise und einen Trank, den kein Mensch sehen kann" (Tobit 12, 19).

Unter den Juden wird das Manna, mit dem Gott sein Volk während der Wüstenwanderung ernährt hatte, auch Himmelsbrot und Brot der Engel (Psalm 78, 24 f.) genannt. Seit der Einführung des Fronleichnamfestes im Jahre 1264 bezeichnen die Christen die Hostie als Engelbrot. Dieses Brot des Lebens wird im Tabernakel aufbewahrt und von Menschen und Engeln ehrfürchtig angebetet. So finden sich in vielen Barockkirchen vor dem Tabernakel kniende Engel mit gefalteten Händen. Wie die Engel, so soll sich auch die heilige Katharina von Siena ausschließlich von der Kommunion ernährt haben.

*Im Himmel wirst du dich nicht
von leiblicher Speise ernähren,
sondern wie dein Schutzengel
allein vom Anblick Gottes.*

Welche Sprache spricht mein Schutzengel?

DU SAGST ENTTÄUSCHT:

„Ich habe die Stimme meines Engels noch nie vernommen."

Du redest, gleichzeitig läuft das Radio oder der Fernseher im Hintergrund. In den Supermärkten wirst du mit Musik berieselt, während der Autofahrt läuft Musik – , wie willst du die Stimme deines Schutzengels hören?

KENNST DU DIE HEILIGEN MOMENTE DER STILLE?

„Un ange vient de passer", sagt man in Frankreich.
„There is an angel passing", heißt es in England.
„Ein Engel ist durch das Zimmer gegangen", sagen wir.

Es ist dein Schutzengel.

Wenn sich die Stille nun tief um uns breitet,
so lass uns hören jenen vollen Klang
der Welt, die unsichtbar sich um uns weitet,
all deiner Kinder hohen Lobgesang.

Dietrich Bonhoeffer

DEIN SCHUTZENGEL LIEBT DIE STILLE.
Je stärker du ins Schweigen gehst,
desto heller leuchtet das Licht
auf dem Engelberg deines Herzens.
Wieviel Himmlisches tritt jetzt in dein Leben!

*Engel sprechen die Sprache der Zärtlichkeit,
der Liebe und der Zuversicht,
die keiner Worte bedarf.*

IN DEUTSCHLAND WURDE DIE SPRACHE DER ENGEL auch „englische Sprache" genannt. Goethe berichtet von den „englischen Worten" einer schönen Frau, die „mit englischer Zunge wisperte". Paulus erwähnt die Möglichkeit, mit Engelszungen zu reden (1 Korinther 13, 1).

HAT MEIN SCHUTZENGEL FLÜGEL?

Der berühmteste Schutzengelmaler ist Bernhard Plockhorst (1825–1907). Seine Bilder wurden millionenfach reproduziert. Plockhorst hatte sein Gemälde „Schutzengel" 1886 in der Königlichen Akademie Berlin vorgestellt. Seine Darstellung prägte die Vorstellung von den Schutzengeln bis auf den heutigen Tag: Schutzengel müssen weiblich sein und große Flügel haben.

Aus Sicht der Kunstgeschichte sind Schutzengel ganz junge Wesen. Beliebt und weit verbreitet wurde ihre Darstellung erst im Zeitalter der modernen Naturwissenschaft. Plötzlich war alles in Frage gestellt, was den Menschen Sicherheit im Leben gegeben hatte. Neue Fragen tauchten auf: Gibt es einen Gott, oder ist er nur frommes Wunschdenken? Stammt der Mensch vom Affen ab, oder ist er ein Geschöpf Gottes? Ist unsere Seele unsterblich und himmlischen Ursprungs? Ist Gott etwa tot?

Die Schutzengelbilder versuchten eine Antwort auf die beunruhigenden Fragen der Zeit zu geben. Je wissenschaftlicher die Welt Ende des 19. Jahrhunderts wurde, desto mehr Schutzengel wurden gemalt.

*In wie viel Not hat nicht der gnädige Gott
über dir Flügel gebreitet!*

Joachim Neander

SCHUTZENGELTAFEL

Das Kuratorium für Verkehrssicherheit Landesstelle Tirol, hat am Brenner-Pass große Schutzengeltafeln aufgestellt, auf denen ein Motorradfahrer abgebildet ist. Über ihm schwebt ein Engel. Auf der Tafel steht die Mahnung: „Gib Deinem Schutzengel eine Chance!" Auch auf deutschen Autos findet sich der beliebte Aufkleber mit der Aufschrift: „Fahre nicht schneller, als Dein Schutzengel fliegen kann!" Halten Engel mit dem modernen Straßenverkehr nicht mehr mit?

In der sichtbaren Welt unseres Universums gilt die Lichtgeschwindigkeit als schnellste Form der Bewegung. Engel leben jedoch in der Ewigkeit. Sie sind nicht an die Gesetze von Raum und Zeit gebunden. Für Engel ist es kein Problem, das Weltall mit seinem Radius von etwa 18 Milliarden Lichtjahren und über 100 Milliarden Sternensystemen zu durchmessen. Im Nu sind sie hinter dem Alpha Centauri oder der Großen Magellan´schen Wolke; eben waren sie noch am Andromedaspiralnebel, da befinden sie sich bereits im Sculptor-System. Sie überwinden diese gewaltigen Entfernungen, weil sie schneller als das Licht sein können.

DIE FLÜGEL DEINES SCHUTZENGELS SIND
die Flügel des Glaubens,
die Flügel der Geborgenheit,
die Flügel innerer Bewegtheit
und die Flügel deiner Herzenssehnsucht.

*Nicht als ob die Engel Flügel hätten wie die Vögel,
sondern schnell, wie der Gedanke
des Menschen dahinfliegt,
drängt ihre Sehnsucht sie,
den Willen Gottes zu erfüllen.*

Hildegard von Bingen

DER SCHUTZENGEL BEFLÜGELT DEINE GEDANKEN.

Wenn er erscheint,
bekommt dein Leben etwas Schwebendes,
einen Zustand der Leichtigkeit
und des Getragenseins.

DAS UNIVERSUM DER GEFÜHLE,

Gedanken und Erinnerungen in uns hat eine unvorstellbare Ausdehnung. Doch im Bruchteil einer Sekunde durchmessen wir den Weltinnenraum der Seele. Engel fliegen schnell wie die Gedanken. Das können wir uns gut vorstellen, weil wir es in uns selbst erfahren. In einem Augenblick tauchen Bilder aus verschiedenen Zeiten in uns auf: die Kindheit, die erste Liebe, Stürze und Krankheiten, Prüfungen, Ferienerlebnisse, Träume, Gedanken, Erinnerungen – das Geheimnis der Zeit ist aufgehoben in uns.

*Und der Hund,
den Tobias und sein Engel mitgenommen hatten,
lief voraus, und kam als Bote,
wedelte mit dem Schwanz, sprang hoch
und zeigte seine Freude.*

Tobit 11,9 (Lutherbibel)

SCHUTZENGEL SIND WIE HUNDE.
Sie sind nicht müde,
wenn du mitten in der Nacht
noch einen Spaziergang machen willst.
Sie beschweren sich nicht,
wenn du deinen Tag
in der frühen Morgenstunde beginnst.
Sie fragen nicht:
Was bringt es mir?
Was habe ich davon?
Wieviel Zeit kostet es mich?
Sie sind offen für das, was kommen wird.
Hunde sind wie Schutzengel:
Immer zum Dienst an deiner Seite bereit.

*Tiere können Engel sehen.
Daran gibt es keinen Zweifel, wie die Geschichte
von Bileam und der Eselin beweist:
„Und die Eselin sah den Engel des Herrn
auf dem Wege stehen".*

Numeri 22,23

Haben Tiere Schutzengel?

ICH BITTE DIE ENGEL

Als Jitzhak Rabin, der ermordete Ministerpräsident Israels, auf dem Jerusalemer Berg Herzl beerdigt wurde, wandte sich seine damals 17-jährige Enkeltochter Noa Ben-Artzi an die Engel und sagte:

„Größere als ich haben dich schon beweint, aber keiner kannte deine Zärtlichkeit, deine weichen Hände, deine Umarmungen, die nur wir zu spüren bekamen. Und dein vielsagendes Halblächeln, das mit dir gegangen ist. Da ich keine Wahl habe, bitte ich dich, der du immer mein Held warst, dass du an uns denkst und dass du uns vermisst, weil wir hier unten dich so sehr lieben. Ich bitte die Engel im Himmel, dass sie dich gut beschützen, weil du es verdienst".

EIN SOMMERGEWITTER

hatte Blütenblätter von den Linden gefegt. Die Straße war glitschig. In einer Kurve wurde der Wagen von der Fahrbahn geschleudert. Drei Jugendliche starben, der Fahrer blieb unverletzt, Karl erlitt mehrere Brüche und einen Schädelbasisbruch. Über Wochen lag er im Koma. Ein Jahr verbrachte er in einer Reha-Klinik. Später erzählte er, was er während des Unfalles erlebt hatte. Er sah sich und seinen besten Freund allein in dem Wagen sitzen. Sie fuhren in den Himmel. Dort wurden sie von einem Engel empfangen. Sie stiegen aus, waren glücklich und wollten durch ein Tor gemeinsam in den Himmel gehen. Der Engel jedoch verwehrte Karl den Eintritt. Er müsse wieder auf die Erde zurück, sein Freund dürfe bleiben. So umarmten sich die beiden zum Abschied, und Karl schwebte traurig auf die Erde zurück. Der Freund hatte den Unfall nicht überlebt.

Während des Komas, berichtet Karl, habe er immer wieder eine Szene vor Augen gehabt, die er zum ersten Mal im Alter von 14 Jahren geträumt hatte: Er befindet sich in seinem Zimmer. Es ist Nacht. Er wacht auf und spürt einen starken Drang, ans Fenster zu treten. Beim Blick hinaus sieht er weit unten auf dem Rasen einen Engel stehen. Karl öffnet das Fenster, stürzt sich hinab und wird sanft von seinem Schutzengel aufgefangen.

AM 13. MÄRZ 1996

drang ein Wahnsinniger in die Schule der schottischen Stadt Dunblane und verursachte ein Blutbad. 16 Kinder und ihre Lehrerin starben. In ihrem Schmerz war den Angehörigen der Glaube, dass die Kinder auch in der Todesstunde von ihren Engeln begleitet werden, eine Hilfe.

Warum mussten die kleinen „Engel von Dunblane" sterben? Niemand weiß darauf eine Antwort. Warum hat Gott den Tod der Kinder und ihrer Lehrerin Gwenne zugelassen? Die Engel auf den Kindergräbern schweigen. Doch sie bezeugen, dass die Angehörigen in jenen Stunden, Tagen und Wochen der Trauer nicht allein sind. Sie gehen mit ihnen durch das dunkle Tal ins Licht eines neuen Lebens.

DIE TEILNEHMERIN EINES ENGELSEMINARS erzählte mir, wie sie erschüttert vor den eingesunkenen Twin-Towers in New York gestanden habe. Inmitten ihrer Wut, ihrer Erschütterung, ihrer Ohnmacht habe sie plötzlich eine Gewissheit ergriffen: Gottes Engel sind hier gegenwärtig. Sie hatte das Bedürfnis, jemandem diese Erfahrung mitzuteilen. Doch zugleich rang sie nach Worten. Sie scheue sich, über ihr Erlebnis zu sprechen. Eine Art Sprachnot überkomme sie, wenn sie versuche über die Engel von Ground Zero zu berichten. Sie habe Angst missverstanden zu werden, als Spinnerin abgetan zu werden oder noch schlimmer als Zynikerin zu gelten. Denn sie spreche nicht von jenen Engeln in Menschengestalt, den tapferen Feuerwehrmännern, sondern den Engeln, deren Heimat der Himmel ist. Und doch: diese Erfahrung, so sagte sie, habe ihr Bild von Gott verwandelt und ihm eine neue Tiefe gegeben:

Die Engel von Ground Zero haben ihre Flügel schützend über die tausend mal tausend Erlebnisse der Sterbenden ausgebreitet. Alles, was die Opfer des Terroranschlages im irdischen Leben gewesen sind, alles, was sie im Innersten ausmachte, das Krumme und das Gerade, das Helle und das Dunkle, ist jetzt bei Gott angekommen, geborgen, geliebt und vollendet.

AM ANFANG WAR GOTT ALLES IN ALLEM.
Der Engel kannte das Buch deines Lebens.
Er wusste: nicht alles war vorherbestimmt.
Du wurdest in das Abenteuer der Freiheit entlassen.
Du wirst erzählen können, wovon kein Engel weiß,
wenn am Ende Gott wieder alles in allem sein wird.

DIE STIMME DES ENGELS

Manchmal wird in deinem Leben für den Bruchteil einer Sekunde die Zeit angehalten. Du hörst die Stimme deines Schutzengels. Doch am nächsten Tag hast du sie vergessen oder tust sie als Spinnerei ab. So lerne, achtsam zu sein für alles, was zu dir sprechen will!

Dein Schutzengel spricht durch die Natur, die Musik, Dichtung, Träume, durch Menschen oder deine innere Stimme. Führe ein Tagebuch. Schreibe die Musiktitel auf, die dich in deinem Innersten berühren. Notiere Erlebnisse aus dem Urlaub, wo du Berührung mit der anderen Seite gehabt hast. Vielleicht war es der Sonnenuntergang in den Bergen oder der Blick aus dem Zelt auf den See: Es regnete ohne Unterbrechung, du schautest über den Fjord und warst von allen Gedanken frei.

Wenn Stille eingetreten ist, heißt es: „Ein Engel ist an Dir vorbeigegangen." Lerne die Sprache des Schweigens, und höre auf die Stimmen der Stille. Schreibe deine Träume auf. Sammle Zitate und hefte sie an die Wand. Notiere deine Gedankenblitze: Auch sie können eine Botschaft deines Schutzengels sein.

BETEN – WAS IST DAS?

Vielleicht ist es für dich ein alter Brauch aus Kindheitstagen, den du abgelegt hast, weil er schal geworden ist. Vielleicht hast du es nie gelernt. Vielleicht aber betest du jeden Tag, ohne es zu wissen. „Wir suchen etwas, das uns schon gefunden hat", sagt Jim Morrison. Beten heißt Antwort geben, dem, der dich gefunden hat.

BETEN IST EIN FUNKSPRUCH,
eine Melodie,
ein Traum, der zum Himmel steigt
und die Gewissheit:
Da hört einer zu,
der dich besser kennt als du selbst.

BETEN KANNST DU MIT WORTEN,
besser noch im Schweigen.
Die Stille reicht tiefer hinab
und höher hinauf,
als Worte es vermögen.

DU HAST GELERNT,
dich in der sichtbaren Welt zu behaupten.
Kannst du aber auch Dinge geschehen lassen?
Einfach sitzen und ruhig atmen,
eine Melodie wirken lassen?
Beten heißt, das eigene Leben hingeben.
Deinem Schutzengel die Hand reichen.
Ihm, der dich schon vor deiner Geburt gefunden hat.

DAS SCHUTZENGEL-AKROSTICHON

ist eine meditative Übung. Du schreibst dazu die einzelnen Buchstaben des Wortes „Schutzengel" untereinander, so wie es Japaner und Chinesen mit ihren Schriftzeichen tun. Dann ordnest du alle Worte, die dir einfallen, einem der Buchstaben zu. Überlege dabei nicht lange. Lass deine Gedanken unkontrolliert strömen. Dann wirst du merken, wie die Worte aus der Tiefe deiner Seele auftauchen. In ihnen ist dein Engel verborgen.

Das folgende Schutzengel-Akrostichon ist auf einem Engelseminar entstanden. Wenn du willst, unterstreiche in jedem Vers das Wort, das du am meisten mit dem Schutzengel verbindest. Schreibe anschließend dein Schutzengelgebet.

A	Allmacht, Anfang, Anmut, Annehmen, Auftrag, Ausdauer
N	Nächstenliebe, Nähe, Natürlichkeit, Neigung, Nestwärme, Neuanfang
M	Macht, Maria, Milde, Mitgefühl, Mitleid, Mitte, Mut, Mutter
E	Ehrfurcht, Einklang, Einzigartigkeit, Erbarmen, Erfüllung
I	Innigkeit, Interesse, Inspiration, Intimität
N	Nähe, Nehmen, Nichts, Nichtigkeit
E	Ehe, Ehre, Einsicht, Entscheidung, Erkenntnis, Erwachen, Ewigkeit
N	Nahrung, Navigation, Neubeginn, Neugierde

S	Sanftmut, Schönheit, Schutz, Seele, Segen, Sicherheit, Schwindelfreiheit
C	Charisma, Charakter, Charme, Chemie, Cherub
H	Halt, Heiterkeit, Helle, Hilfe, Himmelsleiter, Himmelstür, Hoffnung
U	Umarmung, Unendlichkeit, Unsichtbarkeit, Unterkunft, Urvertrauen
T	Tapferkeit, Tiefe, Tier, Tod, Toleranz, Traum, Trauer, Treue, Trost
Z	Zeitlosigkeit, Zeugung, Zukunft, Zuneigung, Zuversicht, Zweisamkeit
E	Einfachheit, Einheit, Einsamkeit, Ehre, Ehrgeiz, Ehrlichkeit, Emotion
N	Natur, Natürlichkeit, Navigation, Neues, Nüchternheit, Nuriel
G	Geben, Geborgenheit, Geburt, Gefühl, Gelassenheit, Gnade, Gott, Glaube
E	Energie, Erfahrung, Erschaffung, Erwartung
L	Lachen, Lebensweg, Leichtigkeit, Liebe, Licht, Lobpreis, Loslassen

EIN ALTER REISESEGEN:
Ich dir nach sendi
mit minen fünf fingerlin
fünfi undi fünfzic engili.
Got dich gesundi heimgesendi!

DER SCHUTZENGEL

schenkt himmlische Träume und hält Böses fern. Schon die kleinen Kinder sollten etwas von ihren Schutzengeln erfahren. Wie viel Fremdes, Ungewohntes und Dunkles müssen sie jeden Tag erleben und in der Nacht verarbeiten! Mit einem Schutzengel an der Seite wird jedes Bett zum Himmelbett, wenn die Mutter spricht:

Möge dein lieber Schutzengel die Flügel
wie einen Himmel über dir breiten!

Ja, es gibt sie noch, die alten Zauberworte, durch die Engel sich angezogen fühlen.

SCHUTZENGEL

Ein Engel
nimmt dich an der Hand.
Blick nach oben:
Für dich leuchtet Liebe.
Unter seinen Flügeln geborgen
wirst du neue Wege gehen.
Atme auf und erkenne:
Voll Wunder ist die Welt
im Ganzen.

Wie heißt mein Schutzengel?

DER SCHUTZENGEL IN MEINEM NAMEN

Dein Schutzengel begleitet dich nicht erst seit deinem Geburtstag. Seine Bedeutung für dich ist auf geheimnisvolle Weise in deinem Vornamen verborgen. Die Übung heißt: Schreibe die Buchstaben deines Vornamens untereinander und notiere alle Gedanken, die dir einfallen. Dann unterstreiche in jeder Reihe das Wort, das dir am wichtigsten ist. Das folgende Beispiel („Gabriele") will dazu eine Anregung geben:

G Gabe, Ganzheit, Geburt, Glaube, Gnade, Gottesbote, Güte

A Anbeginn, Anforderung, Anmut, Annahme, Aufforderung, Aura, Ausdruck

B Beginn, Begleitung, Bestimmung, Bitte, Bote, Botschaft

R Rat, Reden, Reinheit, Rettung, Richtung, Ruhe

I Innehalten, Innigkeit, Inspiration, Inständigkeit, Interesse

E Empfängnis, Ergeben, Erleuchtung, Erstrahlen, Erwartung

L Licht, Liebe, Leitung

E Einklang, Energie, Erfahrung, Erfüllung

Jetzt schreibe die einzelnen Worte, die du in jeder Zeile unterstrichen hast, heraus. Es können zum Beispiel folgende Worte sein:

G Glaube,
A Annahme,
B Bestimmung,
R Ruhe,
I Inspiration,
E Erwartung,
L Liebe,
E Erfüllung.

Diese Worte benennen die Bedeutung des Schutzengels für seine Namensträgerin. Aus ihnen kann nun in einem weiteren Schritt die wichtigste Eigenschaft des Schutzengels ausgewählt werden, zum Beispiel die innere Ruhe, die seine Anwesenheit schenkt. Neben allen guten Eigenschaften kommt es besonders auf die seelische Ausgeglichenheit an. Der Name des Schutzengels wäre also in diesem Beispiel „Engel der Ruhe".

ZUM AUTOR

Uwe Wolff, geb. 1955, unterrichtet Kulturgeschichte der Engel an der Universität Hildesheim. Schutzengel sind für ihn große Liebende. Sie stehen jedem Menschen zur Seite.

Privatdozent Dr. Uwe Wolff studierte in Münster bei Kurt Aland, Herwig Blankertz, Hans Blumenberg und Friedrich Ohly. Er leitete über zwei Jahrzehnte ein Lehrerseminar in Hildesheim. An der Universität Fribourg promovierte er in Katholischer Theologie mit einer Biografie über Walter Nigg und habilitierte sich bei Hanns Josef Ortheil mit einer Studie über Edzard Schaper.

Uwe Wolff hat zahlreiche Veröffentlichungen zum Thema »Engel« vorgelegt. »Das kleine Buch vom Schutzengel« erzählt Seelengeschichten von Licht, Leben und Liebe für das Kind in uns. Der Autor ist Großvater von vier Enkelkindern. Seine Leidenschaft gilt auch dem Tango und seinem Hund Tobit, benannt nach dem berühmten biblischen Schutzengelbuch.

Mit Fotos von:
ksyfoto/iStock (Umschlag, S. 9, 18, 41, 54/55, 72/73, 79, 88, 113, 134), ninanaina/fotolia (Umschlag, goldene Elemente), **Andrea Göppel** (S. 6/7, 12/13, 16/17, 70, 84-87, 90/91, 106, 129), **olaser**/iStock (S. 14, 16), **Eric Isselee**/shutterstock (S. 15), **Valerio Pardi**/shutterstock (S. 20), **Marques**/shutterstock (S. 21), **Vibrant Image**/shutterstock (S.22/23), **LilKar**/shutterstock (S. 25, 125), **duesV**/fotolia (S. 26/27), **Alexander Raths**/shutterstock (S. 28), **kyonnta**/fotolia (S. 29), **akulamatiau**/fotolia (S. 30/31), **amanaimages**/plainpicture (S. 34), **Africa Studio**/shutterstock (S. 36), **Dariush M**/shutterstock (S. 37), **thaikrit**/shutterstock (S. 42/43), **Pakhnyushchy**/shutterstock (S. 46), **Naturbild**/plainpicture (S. 48/49), **Steffz**/photocase (S. 50, 82), **TTstudio**/fotolia (S. 52/53, 103), **meltonmedia**/iStock (S. 56/57), **Yuriy Kulik**/shutterstock (S. 58/59, 65-67), **MauMyHaTa**/photocase (S. 61, 68/69), **Burnyipotok**/iStock (S. 63/63), **SL-Photography**/shutterstock (S. 74/75), **Cornelia und Ramon Dörr** (S. 81), **Aphelleon**/shutterstock (S. 97), **StudioSmile**/shutterstock (S. 98-100), **Mikadun**/shutterstock (S. 104/105, 108, 127), **Leonid Ikan**/fotolia (S. 110/111), **Subbotina Anna**/shutterstock (S. 118/119, 122/123), **DragoNika**/shutterstock (S. 121), **Matton/Björn Andrén**/plainpicture (S. 130/131), **biloba**/photocase (S. 138/139).

ISBN 978-3-86917-530-0
© 2017 Verlag am Eschbach der Schwabenverlag AG
Im Alten Rathaus/Hauptstraße 37
D-79427 Eschbach/Markgräflerland
Alle Rechte vorbehalten.

www.verlag-am-eschbach.de

Gestaltung, Satz und Repro: Angelika Kraut, Verlag am Eschbach
Schriftvorlagen: Ulli Wunsch, Wehr
Herstellung: CPI books GmbH, Leck

 Dieser Baum steht für umweltschonende Ressourcenverwendung, individuelle Handarbeit und sorgfältige Herstellung.